MÉMOIRE

Faisant suite à ceux de *Carnot* & de *Ramel*,

Et dans lequel la conduite de l'ex-Directeur, dans les journées qui ont précédé le 18 *Fructidor, est mise à découvert ;*

Pour servir de matériaux à l'Histoire;

Par *DELACARRIERE*, *Représentant du Peuple , proscrit.*

Tout le bien opéré depuis le 1er Prairial , jusqu'au 18 *Fructidor* exclusivement , est un prodige qui donne aux Français la mesure de ce que peuvent des Députés braves et purs, investis de leur confiance , et soutenus par leur courage. *Page derniere de ce Mémoire.*

A LYON,

Chez FOIGNET, Imprimeur - Libraire ;

Et à *PARIS*, chez les principaux Libraires.

(1799. — AN VIII.)

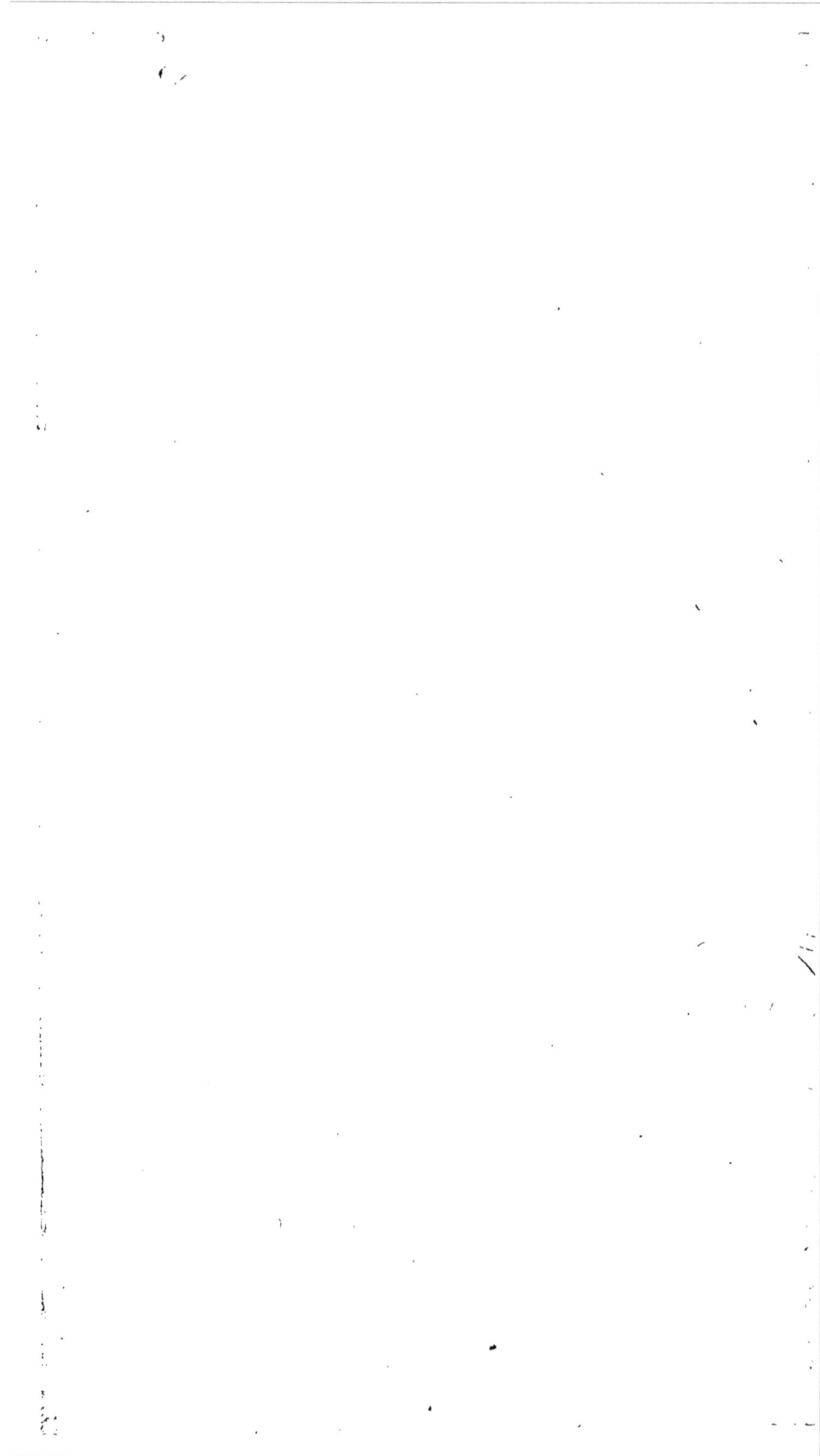

AVIS
DE L'ÉDITEUR.

CARNOT, dans son Mémoire qui ne dut la célébrité qu'au secret sous lequel on l'a vendu, avoit esquissé d'une main très-partiale, les faits précurseurs de la journée du 18 fructidor. Acteur plus que passif dans cette exécrable tragédie, ne devoit-il pas en faire connoître l'intrigue sous le jour le moins défavorable pour lui ?

Plus vrais, plus intéressans, plus piquans dans leurs narrations, les auteurs du Mémoire de Ramel,

et de sa suite, ont donné des dé-
tails assez satisfaisans sur cette
époque trop fameuse ; mais en ra-
contant la manière surprenante
avec laquelle Carnot a échappé
à ses assassins, ils ont gardé un silence trop favorable sur cet homme
jusqu'alors incompréhensible, et
qui pouvant, par sa place, être
d'un poids victorieux dans la ba-
lance de l'État, dut à sa politique
infernale, à sa tactique mal-adroite,
et sa fuite honteuse, et le déchi-
rement de sa patrie.

L'auteur de ce Mémoire, en dé-
voilant des causes ignorées jusqu'à
présent, en portant le flambeau
sur les endroits que ses prédéces-
seurs n'avoient point assez éclairés,
achève de faire disparoître le voile

qui couvroit cette affreuse journée. Par lui, la conduite du plus dangéreux des temporiseurs, est mise au plus grand jour, et les ressorts cachés de cette vaste conspiration sont enfin découverts.

Ce Mémoire qui contient des anecdotes nouvelles, et qui d'ailleurs n'est pas toujours d'accord sur la manière dont les autres ont été racontées, offrira des matériaux précieux pour l'histoire, où la vérité s'établit par la comparaison des faits, entre les différens narrateurs.

DÉCLARATION DE L'AUTEUR.

ART. CX. *de la Constitution.*

Les citoyens qui sont ou ont été membres du corps législatif, ne peuvent être recherchés, accusés, ni jugés en aucun temps, pour ce qu'ils ont dit ou écrit, dans l'exercice de leurs fonctions.

ART. CXI.

Les membres du corps législatif, depuis le moment de leur nomination, jusqu'au trentième jour après l'expiration de leurs fonctions, ne peuvent être mis en jugement, que dans les formes prescrites par la loi.

En vertu du caractère de représentant du peuple, dont j'ai été revêtu pour trois ans, par l'élection libre du corps électoral du département du Morbihan, assemblé en germinal an 5, et de la loi du premier prairial, qui a ordonné mon admission au conseil des cinq-cents, je proteste contre tout ce qui a été fait depuis le 18 fructidor, même année, et en appelle de ma proscription, à Dieu, au peuple et à mon courage.

D'Altona, ce 1er septembre, 1799.

Signé DELACARRIERE.

MÉMOIRE

Faisant suite à ceux de CARNOT & de RAMEL,

Et dans lequel la conduite de l'ex-Directeur, dans les journées qui ont précédé le 18 fructidor, est mise à découvert.

ON attaque, parce qu'on craint d'être attaqué; telle est ordinairement la marche des passions; mais souvent l'ambition, la haîne, se servent de ce prétexte pour régner ou pour se venger: c'est ce qu'on a vu le 9 thermidor, le 18 fructidor, enfin le 30 prairial dernier.

Le 9 thermidor, cette journée
si célebre par ses suites , que ses
auteurs avoient été bien loin de
prévoir , et qu'ils auroient bien
voulu empêcher, ne fut , dans le
principe , qu'une dispute de scélérats jaloux de l'autorité. Une
portion du comité de salut public divisé , ayant terrifié la convention, en y faisant circuler des
listes de proscription , s'en servit
pour écraser Robespierre avec ses
partisans , et concentrer le pouvoir dans ses mains. Mais ce qui
est inévitable lorsqu'on imprime
un grand mouvement , arriva ;
les bornes que les conjurés avoient
assignées , furent renversées , dé-
passées, et le peuple secoua si

vivement ses chaînes , qu'ils se virent forcés d'en rompre une partie , bien décidés à les lui rattacher à la premiere occasion : c'est cet instant , cherché et provoqué tant de fois par ces hommes sanguinaires et par leurs complices, qui a amené le 1er prairial , le 12 germinal , le 13 vendémiaire , le 18 fructidor et le 30 prairial an 7.

On est surpris, chaque fois que ces révolutions s'operent, de voir les mêmes moyens se reproduire; mais l'étonnement doit cesser, en réfléchissant que, dans tout évènement semblable, pourvu que les hommes où les circonstances varient , les mêmes moyens peuvent être employés avec succès.

A

Le 9 thermidor, la tyrannie parvenue à son *nec plus ultrà*, menaçoit ses auteurs ; Barère, Billaud, Collot, etc. le sentirent, prirent l'initiative du mouvement inévitable qui alloit éclater, et en deversant sur une partie de leurs complices, la totalité de leurs crimes, ils triompherent par le peuple.

Le 18 fructidor, ce même peuple, à la veille de rentrer dans tous ses droits par le courage de ses représentans librement élus en l'an 5, partie en l'an 4, vit river ses fers par l'armée instituée pour protéger son indépendance.

Enfin le 30 prairial, les conséquences de toutes ces journées furent appliquées par des hommes de tous les partis, à ceux qui en avoient établi les principes.

Ces bouleversemens politiques sont les crises ordinaires d'un peuple tourmenté de l'épidémie révolutionnaire, d'un peuple qui, sans mœurs comme sans courage ; a l'apathie de mourir esclave. Un instant la France put espérer de voir triompher la justice et l'humanité ; mais le dévouement de ses vrais représentans ne servit qu'à les faire proscrire, et à la jeter dans le cercle affreux de l'arbitraire des modernes Caligulas.

Peuple français ! le 4 septembre 1798, (18 *fructidor an* 5) devoit éclairer un des plus heureux évènemens, il avoit été choisi pour rompre tes fers; les hommes que tu avois honorés de ta confiance, voulurent s'en rendre dignes, et puisque la vérité peut enfin se faire entendre, apprends qu'il est vrai qu'ils conjuroient (1) contre

---

(1) Un mot manque à notre langue; c'est celui qui exprimeroit, comme dans cette circonstance, une ligue de l'autorité suprême, contre une autorité secondaire qui, disposant de l'armée, s'en serviroit pour comprimer le vœu du peuple et usurper la puissance souveraine. Les mots *conspiration* et *conjuration* ne peuvent convenir à un projet formé dans le sein de la représentation nationale, contre des magistrats subalternes, quand cette représentation est le résultat de l'acte libre de la volonté du peuple.

les tyrans , et qu'ils projetoient d'exécuter dans cette journée, le plan que des hommes mieux secondé ont suivi le 3o prairial : mais que les suites en eussent été différentes , et que tu serois éloigné des craintes fondées que tu éprouves , et de voir les jours de deuil de 93, se lever sur ton malheureux sol !

J'ai dit que le 18 fructidor fut choisi pour abattre les tyrans ; le fait est exact, et si des considérations particulieres dont je n'ai jamais pu me rendre compte, ont déterminé certains représentans du peuple à nier que le projet ne fût arrêté d'abattre les triumvirs, loin de moi un pareil désaveu, sur-tout

dans un moment où les persécu-
teurs des proscrits de cette journée, viennent de la condamner,
en mettant à exécution la volonté
ferme que l'on avoit alors de ter-
rasser ce colosse monstrueux, formé de sang et d'anarchie, élevé au
Luxembourg.

Les représentans élus en l'an 5
avoient pour mandat impératif de
détruire la tyrannie, et de tout
tenter pour rendre le bonheur à
la France : ils avoient presque
tous été victimes de l'arbitraire
des gouvernans; leur existence,
leurs fortunes avoient été en proie
à ces associations de brigands
connus sous le nom de *comités
révolutionnaires*, et depuis aux

commissaires du directoire exécutif, (1) à ces hommes qui joi-
gnant la stupidité à l'arrogance,
n'excitent qu'un seul sentiment
d'une extrémité de la France à
l'autre, celui de l'indignation.
Ce n'étoit qu'avec infiniment de
peine que ces vrais mandataires
du peuple avoient pû se rendre à
leur poste; trois projets furent dis-
cutés au Luxembourg pour les en
empêcher. Le premier fut de les
arrêter dans les départemens, le
second de les assassiner sur la
route, le troisieme de les égorger
dans leurs lits à Paris. Carnot et

---

(1) Ceci, comme toutes regles gé-
nérales, souffre des exceptions ; mais
malheureusement c'est en petit nombre,

Letourneur s'y opposerent avec force, et menacerent de dénoncer les conjurés au corps législatif : cette vigoureuse résistance fit que le nouveau tiers fut installé sans secousse, le 1er prairial an 5.

Quel est le Français vertueux qui, à cette époque, n'ouvrît pas son cœur à l'espérance? quel est celui qui ne calculât pas sur des jours plus heureux? Les tribunaux y virent le regne des loix; la religion catholique, son auguste triomphe; le négociant, la prospérité du commerce; le laboureur, les progrès de l'agriculture ; enfin toute la France morale, le bonheur...... Jours malheureusement trop courts, qui avez vu vous succéder ceux de la terreur et de la mort, vous reviendrez sans doute; mais hélas! vous ne serez plus appréciés par les victimes que la faulx des tyrans a moissonnés!

La séance du premier prairial fut entièrement consacrée à valider les élections qui, à trois ou quatre près, influencées par les anarchistes, furent confirmées par des loix sans opposition. Il est à remarquer que les assemblées électorales de l'an 5, ont été les seules parfaitement libres depuis la révolution, et qu'on s'y attacha même minutieusement à remplir les formalités exigées par la constitution et voulues par les mille et une loix réglémentaires, envoyées aux as-

A. 5

semblées : cette maniere rigide de procéder fit le désespoir des factieux qui comptoient faire casser plusieurs nominations , comme entachées du défaut de forme.

Pendant la séance on remarqua le chagrin des congédiés et la rage des conventionnels restans, qui, pour la premiere fois, siégeant à côté des principes, éprouvoient la douleur de les voir triompher, et de concourir à leur adoption.

Dans la soirée , une grande partie du nouveau tiers se réunit à la partie saine des deux tiers restans; on agita dans cette assemblée, les mesures à prendre pour assurer l'exécution de la volonté du peuple ; il y eut unanimité sur la

nécessité de détruire la tyrannie
en abattant les tyrans , mais divi-
sion sur le choix des moyens. La
partie la plus énergique vouloit
attaquer sur-le-champ et proposoit, 1°. la permanence; 2°. la
sortie de toutes les troupes du
rayon constitutionnel ; 3°. la déclaration que la police de Paris jusqu'en dehors des barrieres, appar-
tenoit au corps législatif; 4°. le
rapport du décret usurpateur, des
5 et 13 fructidor; 5°. le renouvel-
lement des directeurs; enfin l'a-
néantissement, sur-le-champ, de
toutes les loix révolutionnaires.
Ce projet fut combattu par la majorité qui, dans toutes les grandes
réunions, est craintive; elle fit

adopter celui de miner les tyrans,
de les dépouiller petit-à-petit, et
d'organiser la garde-nationale :
presque tous ses orateurs firent
beaucoup valoir la force morale
des conseils, et après l'avoir établie comme base du succès, en
tirerent la conséquence, que le
temps qu'on mettroit à prendre
ses mesures, fortifieroit l'opinion
en faveur du corps législatif, et
augmenteroit ses moyens.

Il faudroit bien peu connoître les
hommes pour douter que cet avis
ne réunît pas les suffrages de la
majorité ; c'étoit, il faut l'avouer,
celui de la sagesse, et le seul
à suivre dans des circonstances
moins impérieuses ; mais, en ré-

volution et vis-à-vis d'hommes
aussi actifs pour faire le mal,
étoit-ce là la conduite à tenir?
non sans doute; et les suites n'auroient pas prouvé que c'étoit la
plus mauvaise, qu'on seroit encore autorisé à l'affirmer, d'après
tout ce que l'histoire ancienne et
moderne nous a transmis. Si Catilina avoit exécuté son projet, le
premier janvier, jour de l'installation des consuls à Rome, et ne
l'avoit pas remis au 5 février, puis
encore à une autre époque, Cicéron n'eut pas eu le temps de
prendre des mesures et de déjouer
les conjurés. Si, dans la conjuration contre Venise, le marquis de
Bedemar n'en avoit pas ajourné à

diverses fois l'exécution, certes!
le sénat étoit égorgé. Venise, en
proie à un féroce usurpateur, gé-
miroit peut-être encore aujour-
d'hui sur les suites du complot
le plus perfide, mais le plus ha-
bilement concerté. En révolution, volonté, audace, exécution prompte, voilà la garantie du
succès; malheureusement il faut
toujours employer des moyens
auxquels l'homme honnête ré-
pugne, ce qui fait qu'il n'y a que
les complots des méchans qui réus-
sissent : les projets des citoyens
honnêtes n'ont presque jamais leur
accomplissement. Qu'on apprécie
les hommes qui jusqu'à ce moment ont joué les premiers rôles

dans les grandes scenes de la révolution, ce sout des êtres tels que
Catilina, d'après le portrait tracé
par Cicéron, se fit voir aux Ro-
mains: sans mœurs, sans probité,
sans aucun respect pour les Dieux,
dont l'ambition est la seule divi-
nité; mécontens du présent, toujours agités par l'avenir, hardis,
téméraires, audacieux, capables
de tout entreprendre, et allant à
la tyrannie, à découvert.... Com-
ment de semblables personnages
n'auroient-ils pas réussi chez un
peuple démoralisé?

Le plan ainsi adopté, tout s'en
ressentit; composition du bureau,
des inspecteurs, des commis-
sions, tout enfin fut choisi parmi

les modérés ; les hommes courageux n'y furent jamais qu'en minorité ; de-là, des rapports, des
projets de décret où les intentions
perçoient , mais où l'on n'avoit
pas le courage de les consigner
avec vigueur: cette marche craintive donna aux triumvirs et à leurs
complices dans le corps législatif, la mesure de ce qu'ils pouvoient oser, ils se crurent assurés
du succès, dès l'instant qu'ils s'ap-
perçurent qu'on les craignoit, et
augmenterent leur audace , de
toute la faiblesse de leurs adversaires.

La premiere explosion fut allu-
mée par la discussion sur les colonies. La majorité du corps

législatif vouloit ôter au directoire
la faculté d'y envoyer des agens,
jusqu'à ce qu'on eût décrété leur
organisation, et en conséquence
rapporter la loi qui l'y autorisoit ;
loi dont il avoit fait un si scanda-
leux usage, en renvoyant à St.-
Domingue, le bourreau, l'incen-
diaire de cette colonie, l'infâme
Santhonax. Le directoire, à qui
les spoliations de ce fidele agent
étoient profitables, et qui en outre
tenoit beaucoup à ce que dans la
première attaque il n'eût pas le
dessous, fit tout au monde pour
empêcher la discussion ; promesses
de rappeler les agens actuels, de
n'en nommer que du choix des
conseils, tout fut employé ; mais

sa duplicité étoit trop bien connue pour qu'on changeât d'avis : une commission fut donc nommée, et chargée de présenter un projet de résolution. Carnot, par ses intrigues, parvint à obtenir de ses membres une modification dans le décret, et cela par une transaction honteuse qui indigna autant la minorité des conseils, que tous ceux qui s'intéressoient au sort des infortunés colons. Il n'est pas inutile d'observer que Carnot avoit laissé entrevoir à Bourdon de l'Oise, membre de la commission, que le directoire pensoit à lui accorder la demande qu'il faisoit de remplacer Santhonax ; cette demi-confidence influa beaucoup sur la rédaction de la loi.

Les membres qui composoient la commission étoient Vaublanc, Villaret - Joyeuse , Bourdon de l'Oise ; Tarbé en fut nommé rapporteur ; il fit lecture de son travail à ses collegues assemblés, et ce ne fut qu'à l'unanimité qu'il inséra dans son rapport la censure amère, mais bien méritée, du regne atroce de la convention.

Le jour du rapport, le Génie révolutionnaire, banni de la salle des cinq-cents depuis le premier prairial, y reparut : l'instant où Tarbé fit le tableau du despotisme cruel de la convention, fut celui de l'explosion. Les éruptions d'un volcan ne sont pas plus violentes;

la montagne s'ébranla, et de ses
flancs hideux sortirent les Merlin
et autres coryphées de la secte,
qui se précipiterent à la tribune,
y invoquerent le Dieu des assassinats, et appelerent à grands cris
la mort sur le nouveau tiers. Les
membres de la commission qui
avoient traité secrettement avec le
directoire, eurent la faiblesse de
désavouer les vérités dures insé-
rées dans le rapport, niant en
avoir eu connoissance : Tarbé,
indigné de l'abandon de ses collegues, dédaigna de se justifier, et
consentit à supprimer ce qui avoit
blessé les oreilles d'hommes qui ne
l'avoient jamais été du cri des
victimes qu'ils faisoient égorger.

Cette séance fit une impression fâcheuse dans le public qui crut voir les montagnards renaître de leurs cendres. Cette crainte ne dura que jusqu'à la séance du lendemain, où la majorité se prononça vivement, à unanimité parfaite, pour le rapport de la loi ; mais quel fut l'étonnement de la minorité saine, en voyant qu'il ne s'agissoit que du rappel des anciens agent, et qu'on laissoit au directoire la faculté d'en renvoyer de nouveaux, s'en rapportant pour le choix à la moralité de ses membres?...... Quelle garantie !

Il n'y avoit plus moyen de revenir à l'ancien projet ; la commission avoit trompé les espé-

rances de la partie saine du corps
législatif, et , une fois le nouveau
présenté, on ne pouvoit plus espérer de ramener la majorité à l'ancien ; contente d'un demi-succès,
elle s'en applaudissoit comme
d'une victoire difficile , et qui lui
avoit coûté un effort de courage,
auquel elle n'étoit pas habituée.

Tous les hommes sages et courageux du conseil furent alarmés,
en voyant la majorité émerveillée
de son succès, s'applaudir d'avoir,
en triomphant, menagé l'amour-
propre des directeurs ; ils virent
dès-lors que beaucoup de membres
cherchoient à se faire craindre
pour être mieux traités, et cette
opinion les détermina à proposer

la loi qui défendoit aux représentans du peuple d'accepter aucune
place à la nomination du directoire, avant qu'une année ne fût
expirée, à dater du jour de leur
sortie des conseils.

Cette proposition fut rejetée
comme inconstitutionnelle ; on
fut convaincu alors que les places
à la nomination du directoire,
seroient l'écueil où viendroient
échouer les résolutions les plus
utiles. Aux maux qu'on ne peut
empêcher, il faut, dit-on, oppo-
ser résignation et courage, c'est
ce que fit la minorité ; mais voyant
l'influence du directoire sur les
conseils, elle forma le projet de
gagner la majorité des directeurs,

l'entreprise n'étoit pas aisée, sur-
tout d'après la discussion sur les
colonies, où le pouvoir exécutif
avoit été sévèrement traité ; néan-
moins quelques représentans ,
pleins de dévouement, se char-
gerent de cette tâche désagréable
et difficile.

La conduite que Carnot avoit
tenue au directoire depuis la con-
vocation des assemblées primaires,
avoit un peu atténué ses torts ;
on voulut croire que sa marche
conventionnelle avoit été forcée
par les circonstances, et on espé-
roit que, par de grands services,
il effaceroit de grands crime ; sa
réunion à Barthélemi fortifioit
cette opinion ; ce fut donc à lui
qu'on

qu'on s'adressa directement. Les premiers entretiens diminuerent un peu des espérances conçues trop légerement ; il se montra extrêmement jaloux de l'autorité directoriale, ambitieux de diriger le nouveau tiers, grand ennemi du vertueux et infortuné Gilbert-Desmolières (*), généralement de la commission des finances existante alors, enfin persuadé qu'on ne pouvoit gouverner sans des loix révolutionnaires qu'il regardoit comme indispensables pour faire marcher la constitution.

---

(1) J'ai connu peu d'hommes dont les principes fussent aussi purs, et la haîne pour les tyrans, mieux établie. Ses vertus et ses talens en finance, rendent sa perte une calamité publique.

B

Ne le trouvant pas tel qu'on le
desiroit , il fallut s'en servir tel
qu'il étoit ; on se flatta qu'en ayant
l'air d'adopter une partie de ses
erremens, on le feroit marcher
d'accord avec la partie saine du
corps législatif ; il en fut certaine-
ment tenté à cette époque, mais
la résolution qui ôtoit au directoire le droit inconstitutionnel
de diriger les opérations de la trésorerie et d'en prescrire les négo-
ciations , la discussion sur les prêtres, que Merlin provoqua en or-
donnant une nouvelle persécution
dans la Belgique, la censure du
bouleversement des états d'Italie,
enfin toutes les discussions où il
entroit et où on ne pouvoit éviter

de faire la critique de l'administration, l'effarouchèrent. A tous ces
motifs on doit ajouter l'espérance
que le rejet de la résolution sur les
finances, par le conseil des anciens, lui donna de mener ce conseil; en effet, la commission chargée de faire le rapport sur cette
résolution, s'étant laissée corrom-
pre par les directeurs, et l'ayant
fait rejeter, il pouvoit espérer
d'employer le même moyen avec
succès, pour entraver la marche
des cinq-cents, et ne faire con-
vertir en loix, que les résolutions
qui lui conviendroient. C'est une
tâche pénible à remplir que de dire
la vérité quand elle peut sur-tout
aggraver le sort d'un grand nombre

B 2

d'infortunés; mais on ne peut la taire, et c'est la révéler que d'accuser du rejet de cette résolution, une grande partie des membres des anciens, déportés à Cayenne. Ils ne pensoient pas alors qu'ils creusoient la fosse qui les a reçus à Sinamary.

La non-adoption de cette résolution ranima les conjurés, et ce fut à dater de cette époque, qu'ils adopterent le plan de calomnie suivi avec succès près des armées et des constitutionnels de l'intérieur. Comme ce projet de loi remettoit l'ordre à la trésorerie, et empêchoit les dilapidations, tous les vampires du trésor public s'accorderent à crier et à imprimer que le projet menoit visiblement à détruire la constitution. A quoi tendoit-il cependant? à rendre à la trésorerie toute son indépendance et à faire peser sur les commissaires tout le poids de la responsabilité voulue par le titre xi, article 318 de la constitution.

Les attributions données au directoire par divers décrets rendus en l'an 4, avoient tellement dénaturé la lettre et l'esprit de la loi, dans toutes les branches de l'administration, que le pouvoir exécutif, limité dans son organisation, se trouvoit changé en un despotisme tel, qu'on ne connoissoit plus que ses arrêtés qui alloient jusqu'à détruire dans ses

fondemens , l'ordre judiciaire (1)
Il étoit donc du devoir du nouveau
corps législatif , de ramener cette
autorité , arbitraire par essence ;
dans le cercle de ses limites cons-
titutionnelles, sur-tout en matiere
de finances , source de la prospérité et de la décadence des em-
pires.

Objectera-t-on qu'il lui falloit
une grande latitude de pouvoir, la
libre disposition des impôts, pour
établir le régime constitutionnel
et faire la paix? eh bien ! depuis
son installation , le corps législa-

_____

(1) Le lecteur se rappelera sans doute
l'impudence des arrêtés du directoire,
lors de la lutte qu'il établit contre le
tribunal de Cassation , dans l'affaire de
Brotier et de la Villeheurnois.

tif ne les lui avoit-il pas accordée ? et cent millions ne lui avoient-ils pas été comptés pour pacifier l'Europe? (1) Quelle étoit cependant la situation extérieure et intérieure de l'empire, lors de l'entrée du nouveau tiers de l'an 5, au corps législatif, c'est-à-dire, dix-huit mois après l'installation des directeurs?..... Une guerre générale au dehors, au dedans le germe de la guerre civile provoquée par la continuation des mesures révolutionnaires, des atten-

_____

(1) Qu'on lise le traité passé entre le directoire et la compagnie Dijon, et le rapport de Camus, au nom de la commission de surveillance de la trésorerie, en floréal an 5.

B 4

tats journaliers à la liberté indivi-
duelle , la violation des propriétés
et du traité de pacification de la
Vendée ; les coffres de la trésorerie
vuides , un arriéré incalculable ,
le service n'allant que par des
anticipations sur les recettes des
années suivantes , des négocia-
tions scandaleuses où le gouvernement stipuloit la banqueroute , et
des agioteurs adroits , leurs fortunes. Enfin dix-huit cents millions de numéraire , dissipés par
le gouvernement dévorateur depuis son établissement ; pouvoit-
on espérer , d'après le tableau fi-
dèle de cette gestion , que l'administration suivante seroit meilleure, si on ne détruisoit pas le mal

dans sa racine?... Qui eut été
assez sot pour le croire, n'en devoit pas moins concourir à renfer-
mer chaque autorité dans ses attributions; tel étoit le vœu de la
constitution, et le devoir de ceux
qui s'étoient chargés d'en mainte-
nir l'exécution.

La minorité sentit l'effet fâcheux
que la défection des anciens produisoit, mais n'en fut que plus te-
nace au projet de ramener Carnot;
elle étoit convaincue qu'aucun
bien ne pouvoit s'opérer sans un
changement dans les ministères
de la justice, des relations extérieures, des finances, de la marine, et dans les commissaires du
directoire; c'étoit un des buts es-

sentiels qu'elle se proposoit d'atteindre, et pour y parvenir elle se détermina à en faire la proposition à Carnot, par un de ses membres. A la lettre qui lui fut écrite à ce sujet, il fit la réponse suivante :

» Je reçois à l'instant, citoyen
» représentant, votre lettre con-
» cernant les colonies et le mi-
» nistre de la marine, je vous re-
» mercie de m'avoir parlé à cœur
» ouvert sur cet objet ; mais ce
» que vous me dites mérite de
» profondes réflexions, et je ne
» puis y répondre sur-le-champ.
» Je suis fâché que vous ne m'ayez
» pas trouvé au Luxembourg, je
» suis souvent obligé de sortir et

» l'on n'est sûr de me trouver,
» que vers quatre ou quatre heures
» et demie, qui est l'heure du
» dîner; vous ne pouvez douter
» du plaisir que j'aurai à vous
» avoir et à m'entretenir avec
» vous : mais je suis obligé de
» vous avouer que tout ce qui se
» passe, non seulement à l'égard
» des colonies, mais sous tous les
» rapports possibles de l'adminis-
» tration publique, non seule-
» ment à Paris, mais dans tous
» les départemens, me paroît tel-
» lement inexplicable, que je
» conçois, malgré moi, les plus
» vives allarmes sur les intentions
» de bien des personnes que je
» croyois dévouées au systême ré-

» publicain, et au desir de ter-
» miner enfin franchement cette
» lutte terrible, qui a déjà coûté
» tant de larmes et de sang ; et je
» vous le déclare , citoyen repré-
» sentant, avec toute la confiance
» que vous m'avez inspirée, et dans
» l'amertume de mon cœur, que
» je vois se former de nouveaux
» orages dont je ne puis prévoir
» la fin et les résultats. Quant à
» moi, il n'y a pas de sacrifices
» personnels que je ne sois prêt à
» faire pour le repos de ma patrie ;
» mais je périrai plutôt que de lais-
» ser entamer la constitution, ou
» déshonorer les pouvoirs qu'elle
» a institués ; et je développerai
» contre toutes les factions nou-

» velles qui voudroient s'élever,
» ou miner insensiblement le
» gouvernement établi , la même
» énergie que j'ai montrée succes-
» sivement et contre les réaction-
« naires , et contre les anar-
» chistes ».

Salut et fraternité ,

Signé CARNOT.

Cette Lettre fut regardée comme
un vrai manifeste ; mais en réfléchissant sur la conduite de l'auteur , envers les jacobins , depuis
son installation au directoire, les
risques qu'il couroit s'ils repre-
noient jamais les rênes du gouvernement, on se persuada qu'il étoit
effrayé, qu'il vouloit en imposer,
conserver l'influence de sa place ;

mais qu'il se rattacheroit aux réfor-
mateurs dans le corps législatif,
pourvu qu'on calmât ses craintes :
on continua donc de le voir et on
parvint à en obtenir le renvoi de
Merlin, Ramel, Charles Lacroix,
Truguet , et le changement des
commissaires du directoire près
les administrations. C'étoit beaucoup sans doute , mais ce n'étoit
pas le plus difficile ; il falloit dé-
tacher un membre du triumvi-
rat , le réunir à Barthélemi et à
Carnot, et par ce moyen s'assurer de la majorité des directeurs.
Carnot, consulté sur celui qui étoit
le moins éloigné de cette réunion,
indiqua la Réveillere, et se chargea même de l'y engager ; mais il

ne tarda pas à se convaincre que
la peur d'être pendu , si le directoire changeoit son système de
gouverner , empêchoit celui - ci
d'abandonner ses collegues. Ne
pouvant le gagner , il désigna Barras , en observant que , comme ils
étoient ennemis jurés , il doutoit
du succès : un représentant qui
avoit des rapports avec ce trium-
vir , se chargea de lui en faire la
proposition ; il parvint à en avoir
l'assurance qu'il se réuniroit à Carnot et à Barthélemi, au moins pour
les changemens projetés , mais à
condition que ce seroit Carnot qui
en ouvriroit l'avis , à la premiere
séance du directoire. Ce dernier
ne s'en soucioit pas trop , mais ,

vaincu par les sollicitations, il y consentit, en observant que dans le cas où Barras fut de bonne foi, il falloit l'entretenir dans ses bonnes dispositions, car étant sans caractere, il suffisoit qu'au moment de la séance, quelqu'un lui parlât en sens contraire, pour le faire changer d'avis.

Comme on en étoit convenu, Carnot proposa le changement des quatre ministres; Barras y acquiesça sur-le-champ; mais Rewbell, d'un air hypocrite, proposa de voter secrettement sur tous; Réveillere adopta, et Barras s'étant rangé à cet avis, Carnot jugea qu'il étoit joué; mais il n'y avoit plus moyen de reculer. Le résultat du scrutin fut la destitution de Petiet, Cochon, Charles Lacroix, Truguet et Bénézech ; ce fut un coup de foudre pour Carnot qui perdoit en Petiet (1) et Cochon, deux hommes qui lui étoient dévoués, et ne vit dans le choix des remplaçans, que l'intention de lui ôter toute influence dans l'admi-

---

(1) Le dévouement de cet ex - ministre envers Carnot, ne doit s'entendre que relativement aux opérations de son ministère, qui secondoient puissamment les talens militaires qu'on accorde à ce directeur. Cet ex-ministre est, à-coup-sûr, le meilleur administrateur qu'il y ait en France, et peut-être le seul dont la probité n'ait pas été contestée. Le seul reproche que lui font les hommes honnêtes, est d'être timide; mais on ne se refait pas.

nistration. On lui avoit déjà donné une preuve de l'envie qu'on avoit de le rendre nul, lors de l'élection de Barthélemi : jusqu'à cette époque chaque membre du directoire avoit son département où il coupoit et tranchoit à son gré ; les triumvirs, pour empêcher l'influence de Barthélemi, et détruire celle de Carnot, arrêterent que dorénavant ce ne seroit que la majorité qui prononceroit sur toutes les branches d'administration publique.

En voyant le triumvirat composer le ministere d'hommes qui lui étoient vendus, on ne douta plus de l'exécution du projet qu'il avoit conçu, de morceler la représentation nationale, et de l'asservir.

Des représentans du peuple s'é-
tant rendus, dans la soirée, au Luxembourg pour en conférer avec
Barthélemi et Carnot, trouverent
chez le premier, Talleyrand-Péri-
gord, nommé ministre des relations extérieures ; son patelinage
et sa fausseté ne le mirent point à
l'abri des reproches durs et sé-
veres, assaisonnés d'épithètes san-
glantes, de la part d'un représentant qui connoissoit son immora-
lité, sa vie privée et politique : ce
tartuffe ne répliqua que par une
dénégation formelle d'attenter à la
représentation nationale, protesta
de son respect pour le corps législatif, et enfin jura que s'il n'a-

voit pas la conviction qu'à ces sentimens , le directoire ajoutoit la
volonté ferme de faire la paix , il
n'eut point accepté. Les représentans sortirent et laisserent Barthélemi aussi inquiet sur l'avenir ,
qu'incrédule sur la profession de
foi de cet intrigant qui n'accep-
toit le ministere que pour ajouter
une nouvelle catastrophe aux hor-
reurs de la révolution. On ne peut
dissimuler une réflexion qui donne
la mesure des talens et des vertus
des gouvernans, depuis la convention jusqu'au directoire inclu-
sivement; c'est qu'à très-peu d'exceptions près, les ministeres n'ont
été occupés que par des hommes
ineptes ou par des scélérats.

Les représentans trouverent
Carnot qui revenoit de chez Petiet, où il avoit appris qu'un corps
de trente-mille hommes, détaché
de l'armée de Hoche et commandé
par ce général, marchoit sur
Paris. En communiquant cette
nouvelle aux représentans, il
ajouta que ce mouvement n'ayant
pu avoir lieu sans un ordre du directoire, signé par son président, il
prioit de n'en pas parler au conseil avant qu'il eût vérifié s'il avoit
été expédié, ce qui auroit pu arri-
ver sans qu'il le sût, donnant souvent sa signature, de confiance :
cette invitation n'arrêta pas les représentans, et le lendemain le fait
fut dénoncé à la tribune des cinq-
cents.

Le doute qu'affectoit Carnot
d'avoir signé l'arrêté, l'excuse
qu'il se ménageoit conforme à
celle dont il s'étoit servi dans sa
défense, comme membre du comité de salut public, firent craindre qu'il ne fût pas étranger au
projet de ses collegues et détermina
à lui écrire, afin de découvrir si ces
soupçons étoient fondés. On lui
manda que le bruit public étoit
que la marche des troupes sur
Paris, ne s'effectuoit que d'après
ses ordres : sa réponse ne fit qu'a-
jouter aux craintes déjà conçues.
La voici :

5 Thermidor an 5.

« J'ai reçu, citoyen représen-
» tant, votre lettre d'hier, et vous

» remercie de l'avis que vous avez
» bien voulu me donner à l'occa-
» sion de la marche des troupes
» qu'on disoit venir à Paris, par
» ordre du directoire exécutif. Je
» ne crois pas en être réduit à la
» nécessité de détruire, chaque
» matin, les contes absurdes qu'on
» s'amuse à fabriquer la nuit. Ce
» qui m'étonne, c'est que de pa-
» reilles sottises trouvent toujours
» quelqu'un qui veuille bien les
» croire, et que, par ces petits
» moyens, on vienne à bout d'a-
» giter le conseil et de troubler
» la République entière ».

» Je vous le déclare encore, ci-
» toyen représentant, ce n'est pas
» ainsi qu'on fait la paix au de-

» hors, et qu'on rétablit la tran-
» quillité au dedans ».

Salut fraternel,

Signé CARNOT.

Qu'on juge de l'impression que
cette réponse fit sur la minorité !
Quoi ! Carnot qui avoit annoncé
la marche des troupes sur Paris,
qui craignoit d'en avoir signé l'ordre, révoquoit ce qu'il avoit dit,
et traitoit de conte absurde un fait
si notoirement établi ! On le re-
garda, dès ce moment, comme
un ambitieux qui favorisoit secrettement la conjuration, et en atten-
doit le succès pour se déclarer ou-
vertement ; mais comme on en
avoit besoin, on continua de le
voir.

voir. Trop adroit pour ne pas s'appercevoir qu'il étoit jugé , il jeta le masque et se rallia au triumvirat : Barthélemi qui, jusqu'à ce moment, l'avoit vu voter avec lui, fut fort étonné, à la premiere séance où il communiquoit des pieces officielles qui prouvoient que les anarchistes égorgeoient dans le midi, de l'entendre renchérir sur les vociférations des trois autres, contre les royalistes. Cette séance fut remarquable, en ce que les *b*.... et les *f*. ..., style familier de ces citoyens dans la discussion, furent prodigués cette fois outre mesure. Barthélemi, autant affecté que scandalisé de cette scene, en fit confidence, le même soir,

C

à deux représentans, en ajoutant qu'il ne doutoit plus de la défection de Carnot. Ces deux réprésentans voulurent en avoir la certitude, et ayant pris congé de Barthélemi, se rendirent chez Carnot. C'étoit le 10 fructidor, il étoit dix heures du soir, ils trouverent ce directeur dans son salon, assis au bout d'une table où travailloient plusieurs secrétaires ; après les complimens d'usage, il reprit sa place. Les députés appuyés contre une table de marbre, vis-à-vis de lui, attendoient l'instant de lui parler en particulier, quand entra général M * * * * * qui, con-

‑nt un de ces députés, alla

La conversation tomba

sur les dangers que couroit le
corps législatif, et sur l'intention
où ils étoient d'en conférer avec
Carnot ; cet officier - général l'en
prévint, et il passa aussi-tôt dans
son cabinet où il s'enferma avec
les deux députés qui débuterent
par lui demander s'il croyoit enfin
au complot de ses collegues, et à
la marche des troupes sur Paris.
Il répondit que non. La scene de-
vint alors très - vive , et il dit aux
représentans : qu'ils n'avoient donné aucuns gages à la révolution ,
qu'ils pourroient bien être suspec-
tés de ne pas l'aimer, que pour
lui, il avoit voté la mort de Louis
XVI , et dès 89 , qu'il avoit eu ce
vote dans le cœur , comme le

croyant nécessaire à l'établissement de la République, qu'il pro-
jetoit dès - lors. On lui répliqua
que Fouquier-Tainville, et tous
les assassins de la révolution,
avoient donné de pareilles garan-
ties, ce qui ne les avoit pas sauvés
du supplice qu'ils méritoient; qu'il
étoit encore temps de faire un retour sur lui même, et de concourir au bonheur de la France, en
démasquant ses collegues, et en
se séparant d'eux : il déclara qu'il
voyoit bien qu'on vouloit détruire
le directoire, sous prétexte d'attaquer le triumvirat, qu'il ne s'en
sépareroit point, et qu'au reste,
si on les attaquoit, il périroit vingt-
mille hommes dans Paris. A cette

déclaration, on répliqua qu'il ne
périroit que quatre conjurés qu'on
mettroit hors la loi. — Hors la loi!
hors la loi! s'écria-t-il avec émo-
tion ; mais çà n'est pas dans la
constitution. — Les conjurations
n'y sont pas non plus, répliqua
un des représentans. Il étoit une
heure du matin, et on appercevoit
de la lumière dans les appartemens
de ses collegues ; on le lui fit remarquer, en lui disant : on arrête
actuellement, peut-être, votre
perte et la nôtre ; réfléchissez-y.
Comme ils alloient sortir, Carnot,
affectant la bonne-foi, leur dit que
s'ils vouloient lui communiquer
des preuves matérielles de la marche des troupes sur Paris, il se

rallieroit à eux. Le lendemain, un
des représentans lui communiqua
toutes celles déposées à la commission des inspecteurs ; ne pouvant en contester la validité , et
forcé de convenir du mouvement
des troupes , il dit que c'étoient
des forces destinées à s'embarquer
à Brest ; enfin il récrimina contre
le corps législatif, persista dans la
volonté ferme de faire cause commune avec les triumvirs , et déclara qu'il n'obéiroit même pas à
un décret d'accusation. On lui ob-
serva que ce seroit alors se mettre
en rebellion contre le peuple: vous
aimeriez mieux sans doute, ré-
pondit-il, nous voir faire la sot-
tise de Louis XVI, qui se remit

entre nos mains ? Cette phrase
fut accompagnée d'un sourire sar-
donique, le seul que sa profonde
dissimulation lui permette. Cet
entretien terminé, le représentant le quitta, se promettant de
ne plus le revoir ; mais, le 12
fructidor, ayant reçu une invitation de dîner, on présuma qu'il
desiroit un rapprochement, et il
accepta. Il trouva ce directeur fort
déconcerté d'une scene qu'il ve-
noit d'avoir avec ses collegues qui
avoient totalement jeté le masque.
Il s'agissoit de signer la rédaction
du procès-verbal de la séance du
26 messidor, où les inspecteurs
des deux conseils réunis, avoient
déclaré aux directeurs qu'ils les

rendoient responsables des trou-
bles qui pouvoient s'élever dans
Paris, et des attentats qu'on mé-
ditoit contre la représentation nationale. Carnot, comme président,
avoit déclaré, au nom de ses collegues, que le directoire étoit fort
éloigné de vouloir se décharger de
sa responsabilité, qu'il répondoit
de la tranquillité de Paris et de
l'inviolabilité du corps législatif.
Les triumvirs avoient gardé le
plus profond silence, et n'avoient
laissé appercevoir aucune marque
d'improbation, ni d'approbation.
Quinze jours après, le secrétaire
ayant présenté à la signature des
directeurs, le procès - verbal do
cette séance, Rewbell, la Réveil-

lere et Barras refuserent les leurs ;
Carnot leur en ayant demandé le
motif , ils déclarerent ne point
approuver ce qu'il avoit dit aux
inspecteurs. Il fut convaincu alors
que sa marche n'avoit point été
la meilleure , qu'en révolution
vouloir se conserver entre deux
partis, et ne se prononcer qu'au
moment du succès , c'est courir
à sa perte, par une conduite désap-
prouvée par l'honneur et condam-
née par la politique ; mais cette
conviction ne pouvoit plus rien
changer, particulierement sur un
caractere aussi impérieux : son
influence étoit nulle dans l'administration, et sa conduite ne lui
laissoit plus d'espoir de concilia-

tion avec la petite portion saine
du corps législatif, du moins le
pensa-t-il. Il prit son parti, et
déclara au représentant qui dînoit
chez lui, qu'il voyoit la constitution attaquée par les royalistes et
les jacobins, qu'elle seroit imman-
quablement détruite, qu'il se glo-
rifioit de ne s'être rangé sous au-
cunes bannières ; mais qu'il pré-
féroit voir triompher les derniers.
La prémiere partie de cette profession de foi, n'étoit que l'aveu
de son impuissance, la derniere le
vœu de son cœur. On ne le revit
plus.

La minorité ayant perdu tout
espoir de réussir par le moyen de
ce directeur, se voyant isolée, ne

pouvant même compter sur la garde du corps législatif, dont au-moins les deux tiers étoient ven-dus à l'anarchie ; voulut créer des moyens de résistance : mais com-ment réussir sans argent? (1) la garde-nationale ne s'organisoit pas ; les parisiens qui, à la voix de la terreur, s'étoient armés pour se-

_____

(1) **La** pénurie en étoit telle, que les espions, inspecteurs, etc. de la police des conseils, ne furent point payés dans la journée du 17, et que ce ne fut que vers minuit, que, sur la déclaration que fit Dossonville, que toute surveillance alloit cesser, faute de fonds, chaque représentant déposa sur le bureau des anciens, ce qu'il avoit sur lui. Le 18 au matin, cette somme fut trouvée et enlevée par Sotin qui ne dédaignoit aucun profit.

C 6

conder leurs bourreaux, refusoient
de le faire pour assurer leur bonheur et celui de la France; les départemens faisoient des vœux pour
que les conseils remportassent la
victoire; mais ne prenoient au-
cunes mesures pour la leur assurer; enfin tout faisoit présumer
que les triumvirs triompheroient.
O vous lâches égoïstes, qui ne ces-
sez d'accuser les victimes du 18
fructidor de pusillanimité, que
fîtes-vous, et où étiez-vous à cette
époque? vous présentâtes-vous à
côté de ces courageux députés qui
aux dépens de leur vie, vouloient
assurer votre bonheur? vîntes-
vous leur offrir de réunir vos ef-
forts aux leurs, pour vaincre les

tyrans?.... non ; vous fîtes alors ce que vous avez pratiqué depuis le commencement de la révolution , exciter au combat, vous cacher pendant la bataille, et calomnier les vaincus.

Il est encore une autre classe d'hommes, qui reproche aux proscrits d'avoir été trop vîte ; comme si les députés librement élus en l'an 5, auroient rempli le vœu du peuple, en souffrant que l'on continuât à dilapider les finances , à égorger les prêtres et les prévenus d'émigration , à confisquer les biens, et à proscrire vingt mille cultivateurs de l'Alsace et de la Provence , à exproprier les peres et meres des fugitifs, enfin à exé-

cuter le code atroce contre les émi-
grés ! si telle eut été leur conduite,
ils seroient à juste titre l'exécration
du peuple qui les avoit choisis;
mais ils avoient presque tous juré
de ramener la paix, l'ordre, l'a-
bondance, la justice, ou de suc-
comber...... ils ont rempli leur
serment, c'est à la nation, qui en
les investissant de sa confiance,
avoit promis de les soutenir dans
leur courageuse entreprise, à remplir les siens.

Le nouveau tiers, à son arrivée
à Paris, avoit trouvé le corps législatif, divisé en deux sections, les
constitutionnels et les jacobins; les
premiers se réunissoient, hôtel de
Villequier, rue des Capucines; les

seconds s'assembloient à la biblio-
theque des conseils, palais des
Tuileries : il y avoit bien un troisieme parti peu connu du vulgaire,
qui se déclaroit indépendant, et
ne fréquentoit aucune des réunions ; il étoit formé de membres,
qui, votant tantôt avec des clichiens, tantôt avec les jacobins,
rendoient la majorité si douteuse,
et la minorité si timide ! Certes !
rien n'est plus louable que de voter d'après sa conscience, mais il
est une foule de circonstances où
l'application de ce principe est nui-
sible à la société ; car, pour n'être
jamais dans l'erreur, il faut à un
cœur pur, joindre une excellente
judiciaire et une connoissance ap-

profondie des hommes, trois qua-
lités si rares dans le même sujet,
que leur réunion seroit la perfec-
tion de notre faible machine !

Le desir ardent de faire promp-
tement le bien, nuisit beaucoup.
Dans toute grande assemblée, telle
sur tout que l'étoit le corps législatif de l'an 5, composition formée
d'élémens si hétérogenes, ce n'est
pas au plus grand bien que l'on doit
tendre, c'est au bien *possible*; et
pour réussir il faut souvent sacri-
fier son opinion à celle de ceux qui
ne font que des pas lents dans le
sentier de la vertu. Cette condes-
cendance n'étoit pas du goût du
nouveau tiers dont les membres,
entrant dans les conseils avec une

surabondance de volonté du bien,
vouloient la verser à grands flots sur
le sol de leur malheureuse patrie.
Si ce fut un tort..... quelle excuse !
Il n'y avoit point à hésiter entre
ces deux réunions, et le nouveau
tiers, à quelques membres près,
se joignit aux clichiens ; cela sub-
sista jusqu'à la promulgation de la
loi qui défendit les réunions politiques : les jacobins s'opposoient à
l'adoption de cette résolution, et
croyant qu'on préféreroit son rejet,
à la dissolution de Clichy, ils déclarerent qu'ils n'y consentiroient
qu'à cette condition ; on les prit au
mot, la loi fut rendue, et Clichy
fermé : la minorité n'en fut pas fâ-
chée, cette réunion n'offroit plus

aucun avantage et ne servoit qu'à
faire connoître aux directeurs qui
y avoient leurs affidés, l'objet de
chaque délibération, et les mesures qu'on comptoit prendre. La
minorité qui, outre l'assemblée
de Clichy, s'assembloit chaque
nuit en divers endroits, se détermina enfin à frapper un grand
coup. Ce fut dans la nuit du 15 au
16 fructidor, que la résolution en
fut prise.

Les dispositions du directoire,
dans la journée du 16, et le grand
exercice commandé pour le 18 au
matin, firent soupçonner qu'il
étoit informé de quelque chose et
déterminerent à hâter l'exécution
du projet arrêté. Ce projet étoit de

mettre le corps législatif en permanence, de faire un appel au
peuple, de se rendre au Luxembourg, d'en extraire les conjurés,
et de leur faire leur procès.

Le dimanche 17, peu de jacobins assisterent à la séance; on
profita de cette circonstance pour
faire déclarer le conseil perma-
nent, on ne put réussir, et le président leva la séance, à quatre.
heures. On convint de se réunir
le soir à la commission des inspecteurs des anciens, palais des
Tuileries. Depuis huit heures
jusqu'à minuit, cette assemblée
ne fit que discuter sans rien arrêter; l'un prétendoit que le moment n'étoit pas encore arrivé;

un autre vouloit parier sa fortune
qu'on n'oseroit jamais attaquer le
corps législatif; Barthélemi faisoit
assurer qu'il n'y auroit de mouve-
mens que le mardi 19; Pichegru,
qui croyoit pouvoir compter sur
Schérer, revenoit de chez ce ministre qui lui avoit donné sa pa-
role, qu'aucun mouvement n'auroit lieu; enfin tout concouroit à
entretenir l'inconcevable sécurité
de la majorité. Ce ne fut qu'à minuit passé, que d'après des rapports non suspects, on consentit
à convoquer les conseils à cinq
heures du matin, à les déclarer
permanens, et à attaquer les
triumvirs. A quatre heures le châ-
teau des Tuileries étoit conquis,

les inspecteurs prisonniers , et
la représentation nationale aux
abois. A cinq heures les représentans s'étant rendus dans le lieu de
leurs séances, ils y délibéroient
lorsque l'adjudant-général Poin-
çot, à la tête des grenadiers , for-
cerent la salle , les en chasserent
et la fermerent. Le président, avant
de quitter le fauteuil, prononça ,
au nom du peuple français, la dissolution du corps législatif. (1)

(1) Les écrivains qui ont parlé des
évenemens de fructidor, l'opinion publique elle-même qui les a frappés de
la juste censure qu'ils méritent, ont
peut-être glissé trop légerement sur la
déclaration faite à la fois par les deux
conseils, que la représentation nationale
étoit dissoute, il n'en existe plus du

La même scene se passoit au conseil des anciens, où le président fit la même déclaration. A onze

moment où la tyrannie a triomphé de la liberté et de l'indépendance qui lui est essentielle. Les conséquences d'une pareille déclaration sont trop importantes pour être dissimulées ; car d'après le titre V, art. 102 de la constitution , qui porte :

« Le conseil des anciens peut changer » la résidence du corps législatif ».

Son décret sur cet objet est irrévocable. Le jour même de ce décret , ni l'un ni l'autre des conseils ne peut délibérer dans la commune où ils ont résidé jusqu'alors. Les membres qui y continueroient leurs fonctions , se rendroient coupables d'attentat contre la sûreté de la République.

Il ne peut plus et il ne pouvoit plus, d'après cette déclaration solemnelle, y avoir à Paris de corps législatif.

heures, un plus grand nombre de
députés se présenta, ayant à leurs
têtes le président décoré de ses
marques distinctives ; à la somma-
tion qu'il fit aux troupes d'ouvrir
les grilles, les généraux ordon-
nerent une charge de cavalerie
qui les sépara, l'escadron passé,
ils se représenterent, une seconde
charge les culbuta dans le cul-de-
sac Dauphin, et les dispersa dans
la rue St.-Honoré. Toute tentative
pour rentrer dans la salle, étant
inutile, on se rendit rue Basse-
du - Rempart, où près de deux
cents membres se trouverent réunis chez un de leurs collegues ; à
trois heures, le bureau étant nommé, on y délibéroit sur une pro-

clamation à adresser au peuple ,
quand on apprit que la cavalerie
barroit les rues adjacentes , cer-
noit la maison de la Fond·Ladébat,
et y enlevoit les membres du conseil des anciens qui s'y trouvoient.
On se sépara pour se rassembler
dans un local plus sûr ; ce fût impossible , et à quatre heures il
n'existoit plus de corps législatif.

Les factieux , dont le plan étoit
bien conçu , ne pouvoient cependant l'exécuter que sous un prétexte ; le seul motivé dans la procla-
mation du triumvirat , fut qu'une
conspiration royale avoit éclaté
pendant la nuit , que la garde du
Luxembourg , avoit été attaquée ,
et que cette agression avoit néces-

sité

sité le déployement de la force publique. Il n'en étoit rien, et même,
dans cet hypothèse, on n'appercevoit pas ce qu'avoit de commun l'attaque des Tuileries, avec la défense
du Luxembourg; il est vrai qu'un
placard placé à côté de cette pro-
clamation, et affiché à tous les coins
de rues, désignoit Pichegru comme
un royaliste, agent du prince de
Condé ; mais qu'est - ce que cela
avoit encore de commun avec le
corps législatif? Jamais ineptie et
mal-adresse ne furent plus grandes.
que dans cette circonstance où les
triumvirs, incertains sur l'évene-
ment, ne vouloient pas laisser
voir en entier le but qu'ils se pro-
posoient d'atteindre: ce ne fut que

D

quand la translation de la garde des conseils, eut été opérée près des nouvelles salles , qu'ils se crurent assurés du succès ; alors cent-cinquante factieux de l'un et l'autre conseil, au milieu de jacobins, de troupes , et sous le canon du Luxembourg, déchirerent le voile qui cachoit leurs projets, foulerent aux pieds la constitution , et décimerent la représentation nationale.

Toute la France sait que les factieux des deux conseils, d'après l'ordre du triumvirat , s'assemblerent vers midi, ceux des cinq-cents , à la salle de l'Odéon , ceux des anciens, à l'École de chirurgie. Les deux salles entourées

d'artillerie, étoient déjà pleines
de jacobins et d'une soldatesque
effrénée, quand quatre-vingt conjurés des cinq cents, et une soixan-
taine des anciens, s'y réunirent.
Il faut avoir vu l'un et l'autre de
ces hideux rassemblemens, pour
s'en faire une idée ; l'ivresse du
succès, jointe à celle des liqueurs
fortes, (1) produisoit sur leurs
physionomies l'expression d'une
joie féroce. Ce fut du milieu de
ces forcénés, que sortit cet arrêt
de proscription, si improprement

_____

(1) Mêmes hommes, par conséquent
mêmes moyens que ceux employés par la
convention d'exécrable mémoire. Qu'on
lise les aveux de Poultier, n°.   de
l'*Ami des Loix*.

nommé *loi du* 19 *fructidor.* (1)
Ce fut sur ce théâtre aussi célebre

---

(1) Le mot abstrait de loi ne convient proprement qu'à celles de la Nature: tout reglement humain n'est qu'une convention qui, pour être durable et consentie par la société, doit les avoir pour bases; car les loix de la Nature tendent à la conservation de la société, et la société ne peut vouloir que la conservation de ses membres. Ce sentiment conservateur existant dans le cœur de tous les hommes, tout ce qui le blesse ne peut être l'expression de la volonté générale, et ne peut jamais être que l'ouvrage d'une minorité perverse. On m'objectera peut-être les loix criminelles ; en y réfléchissant, on se convaincra qu'elles sont conformes à la loi de Nature, conservatrice de l'espèce ; car elles sont dirigées contre ceux qui violent cette premiere loi et voulues par tous, contre quelques-uns. L'infâme arrêt de

par les représentations des chefs-
d'œuvres de Corneille et de Racine, que par le talent des acteurs,
que de méprisables démagogues,
sans talens et sans courage, je-
terent les bases de cette tragédie
qui, depuis deux ans et demi, en-
sanglante la France et Cayenne,
vaste gouffre où s'engloutissent
honneur, vertus, talens, enfin la
portion la plus précieuse de la nation française.

---

proscription du 19 fructidor, et une
grande partie du volumineux recueil des
décrets rendus depuis dix ans, sont au
contraire la volonté de quelques – uns,
contre tous.... donc ce ne sont pas des
loix. D'où je conclus que leurs auteurs ont été et sont en révolte ouverte
contre le peuple.

D 3

Victimes des plus atroces tyrans !
si, du fond des marais pestilentiels
de la Guyanne, ils vous laissent
communiquer avec vos compa-
triotes, puissent-ils vous adresser
ce mémoire où vous trouverez
consignée l'expression de ma profonde douleur, et l'ardent desir
de contribuer à la cessation de
vos maux ! Comme vous je dus
être enchaîné et conduit par les
sbires des tyrans, à travers le sol
de notre malheureuse patrie ;
comme vous, abreuvé d'outrages
et accablé de mauvais traitemens,
je devois voguer sur le vaste Océan,
avec l'anxiété d'y être précipité,
conformément aux ordres (1)

_____

(1) L'infâme Laporte avoit ordre,

qu'avoient reçu vos conducteurs ;
comme vous enfin déchiré de douleur et de regrets, je devois sur cette
terre de désolation, payer le dernier tribut que l'homme doit à la
Nature. La Providence, qui m'a
conduit et procuré un asyle chez
un peuple hospitalier, me réserve
sans doute pour contribuer à votre
retour dans vos foyers. Ce jour
heureux viendra, et alors la nation,
honteuse des persécutions qu'elle
a laissé commettre, vous remer-
cîra de l'exemple courageux que

---

dans le cas où il rencontreroit des forces
supérieure , de jeter à la mer Pichegru
et ses malheureux compagnons d'infor-
tune , après leur avoir attaché aux
jambes des boulets en chaînes.

D 4

vous lui avez donné, et vous pro-
diguera les bénédictions qui vous
ont suivies dans votre exil.

Que vous serez éloignés de jouir
d'une aussi douce récompense,
vous (1) dont l'existence législa-
tive a survécu à la journée du 18
fructidor ! vous avez oublié que la
plus belle de vos fonctions étoit
celle de rendre vos concitoyens
heureux et libres. Que direz-vous à
vos commettans, quand ils vous de-

_____

(1) Il en est cependant qui ont, en
secret, fourni des secours à leurs malheureux collegues ; et si leurs noms ne
sont pas ici proclamés par la reconnois-
sance, c'est que, sous le régime où ils
existent, les actes de vertus sont trans-
formés en crimes, et deviennent funestes à leurs estimables auteurs.

manderont compte de la confiance
dont ils vous ont honorés ? leur ci-
terez - voüs la mise hors la loi de
vos collegues , un an (1) après le 18
fructidor ? cette multitude de loix
fiscales, rendues depuis cette désas-
treuse époque ? la conscription ? le
décret qui ordonne quatre assassinats pour un ?...... (2) non. Vous
chercherez à vous disculper , en

---

(1) Le 22 brumaire an 6, décret qui
assimile les représentans du peuple proscrits, aux emigrés. Cette séance , déjà
célebre par l'acharnement atroce des
factieux , l'est bien davantage par le
courageux dévouement de Rouchon qui,
au milieu d'hommes altérés de sang ,
appeloit à grands cris, et vainement ,
la justice.

(2) Décret sur les ôtages , mieux dési-
gné sans doute par *Tarif des assassinats.*

disant que vous n'y avez concouru que par votre silence..... Alors ils invoqueront l'ombre du vénérable Murinais, qui, du fond de son tombeau, crie à vos consciences : *plutôt mourir à Sinamary sans reproches, que de vivre coupable à Paris !*

Et vous tous, usurpateurs ! craignez qu'un jour le peuple, fatigué de la pesanteur de votre joug, ne se communique ses griefs et ne fasse les réflexions que faisoient les Bretons, lors de la conquête de l'ancienne Bretagne, par Agricola ! (1) *Quel est donc le fruit de notre patience, disoient-ils ? de persuader qu'elle n'a point de bornes, et*

_____

(1) Tacite.

de nous attirer des fardeaux plus accablans? Au lieu d'un roi que nous nous donnions, nous sommes maintenant livrés à plusieurs. Leur union, leur désunion nous sont également funestes. Les satellites de l'un, les centurions de l'autre, joignent les outrages à la violence. Rien n'échappe à leurs mains avides, rien à leur infâme brutalité. Dans un jour de combat, c'est l'homme de cœur qui s'enrichit des dépouilles du lâche ; ici des misérables qui, pour la plûpart, ne manierent jamais les armes, envahissent nos héritages, nous arrachent nos enfans, enrôlent l'élite de la nation au service de ses oppresseurs. N'y a-t-il *donc que notre patrie pour laquelle nous ne sachions pas mourir ? Ouvrons enfin les yeux!*

Tremblez ! ces sentimens sont dans le cœur de tous les Français.

Tels ont été les faits précurseurs de la journée du 18 fructidor, et la conduite de la minorité du corps législatif, et de Carnot; il étoit facile, dès le 20, de prévoir qu'un jour le corps législatif prendroit sa revanche; (1) en effet,

---

(I) Je suis loin de croire que cette réflexion ait été faite par les factieux du corps législatif, et qu'ils prévoyoient ce qu'ils auroient à redouter des directeurs; ce seroit juger trop avantageusement des hommes qui, dans tout le cours de la révolution, ne surent

des hommes toujours acharnés à
se perdre, à se susciter des ennemis, à se tendre des piéges, mettant en honneur la révolte, (2)

jamais se rendre raison de leurs entre-
prises , ni profiter de leurs fautes ,
pour se corriger. Le 3o prairial dernier, fort de la lâcheté de Merlin et de
ses complices, ils se souleverent par
emportement, par vengeance, par in-
quiétude ; et après avoir forcé leurs
adversaires à se dessaisir de la puissance,
ils n'ont osé s'en emparer, et sont re-
tombés dans la même position ; l'im-
mortelle journée de prairial n'a donc été
utile qu'aux trois directeurs remplaçans
les députés ; aussi ne pouvant régner, ils
fomentent les haînes, perpétuent leurs
divisions, et soufflent le feu de la guerre
civile qui doit porter le dernier coup à
leur autorité.

(2) La fête du 10 août.

-la perfidie, ne doivent passer leur vie, qu'à conjurer les uns contre les autres; tandis que le peuple, courbé sous l'opression de cette foule de tyrans, gémit du mépris où les loix sont tombées, et est réduit par eux à desirer qu'il s'éleve un maître, dont il puisse être protégé.

CONCLUSION.

A la lecture de ce mémoire, tout lecteur attentif conclûra : qu'il existoit dans le corps législatif de l'an 5, une minorité qui, forte de l'opinion publique, vouloit donner la paix à l'Europe, et faire le

bonheur des Français ; que les tyrans s'opposant à cette noble entreprise , et conjurant contre le
peuple , le projet étoit de leur faire
leur procès , conformément à la
constitution ; que Carnot , qui s'é-
toit rallié aux membres de cette
minorité , la croyant plus forte ,
l'abandonna dès qu'il vit qu'elle
n'avoit que bonne volonté et courage ; que ce directeur se rattacha
à ses collegues , espérant faire ou-
blier qu'il n'étoit qu'un transfuge ;
qu'enfin , éclairé trop tard sur le
sort que les triumvirs lui réservoit,
et ne pouvant plus maîtriser les
évenemens , il se résigna ; que les
hommes vertueux étant en minorité dans les conseils, et n'ayant

ni argent ni bayonnettes, il leur
étoit impossible de réussir, et que
tout le bien opéré depuis le premier prairial, jusqu'au 18 fructidor exclusivement, est un prodige
qui donne aux Français la mesure de ce que peuvent des députés braves et purs, investis de
leur confiance et soutenus par
leur courage.

F I N.